Lura luringen i luren

Paul Annala

Lura luringen i luren

*Mina samtal med telefonskojarna
som vill fixa min dator*

Till minne av Martin

Innehåll

Förord

Det måste ha varit någon kring årsskiftet 2012-2013 som det hela började. Telefonen ringde hemma, och en man som talade engelska med indisk brytning påstod sig ringa från Microsoft. Enligt honom hade jag fått virus i min dator. Eftersom jag är mjukvaruutvecklare och därmed tämligen datorvan insåg jag genast att detta var någon slags bondfångeri, och avspisade honom.

Jag googlade lite och såg att dessa samtal tydligen var ett internationellt fenomen. De ringer oanande/okunniga människor, skrämmer dem lite med virusprat, och får datorägaren att ladda ner ett program med vilket de kan fjärrstyra datorn. Programmet i sig är helt okej och har vettiga användningsområden. Men om/när bedragarna får tillgång till din dator via programmet, då börjar de kräva kreditkorts-betalningar, och om du inte betalar kan de blockera eller förstöra din dator. (Läs mer på t.ex. Wikipedia: https://en.wikipedia.org/wiki/Technical_support_scam.)

Men så ringde de igen. Och igen. Och igen. Eftersom jag var pappaledig hade jag (emellanåt) tid att prata med dem. Jag började spela med och dumma mig. Jag tänkte: Ju längre jag lyckas uppehålla dem, desto mindre tid får de över för att lura någon annan. Som längst lyckades jag uppehålla dem i tre kvart.

Samtidigt började jag skriva om dessa samtal på min Facebook-sida. Mina läsare gillade det jag skrev. Några började efterlysa mina alster i bokform. Nu har jag fallit till föga och ger ut dessa referat/kåserier i samlad form.

Det stoff jag har samlat här har hänt i verkliga livet. Jag skrev mina Facebook-inlägg kort efter varje samtal, oftast samma dag. De är skrivna fritt ur minnet eftersom jag inte iddes spela in samtalen (förutom ett), så de återger inte den exakta ordalydelsen, men väl innehållet. Jag kan ha hoppat över vissa delar, och jag har beskrivit samtalen med kåsörens touch. Men med det sagt: dessa samtal har verkligen ägt rum, även om det ibland kanske kan förefalla otroligt.

Det kunde gå dagar eller veckor mellan samtalen, och därmed dito mellan mina Facebook-rapporter. När de nu är samlade på detta sätt kan det bli lite repetitivt. Jag rekommenderar därför att du läser denna bok lite nu och då, och gör något vettigt däremellan.

En sak till: Jag har inga bevis för att samtalen kommer från Indien. Telefonisterna har en indisk brytning, det är allt jag vet. Men jag har antagit att de kommer från Indien, och det leder till att Indien kan hamna i ofördelaktig dager här. Låt mig därför påpeka att jag inte har något emot Indien. Jag har under åren mött många trevliga, professionella och seriösa indier, både privat och i arbetet. Jag tycker om Indien. Min fru och jag förlovade oss 2001 på en strand i Indien. Jag hoppas en dag kunna besöka Indien igen, och jag har ingen som helst avsikt att göra mig *persona non grata* i Indien med dessa skildringar!

Jag vill heller inte på något sätt förnedra de "indier" som ringt mig. Jag skulle inte bli förvånad om många av dem själva är lurade i tron att de har ett call center-jobb där man hjälper folk, medan de i själva verket är utnyttjade av skrupelfria skurkar. Jag har därför försökt behålla en respektfull ton i mina telefonsamtal, och jag vill därför be dig, käre läsare, att inte skratta åt människorna. Men det systematiska bondfångeriet förtjänar att få brallorna nerdragna och bli skrattad åt.

Linköping i oktober 2015

Ormen väser

28 januari 2013

Jag var nästan färdig med lunchen idag när de ringde, indierna på "Security Department" (eller något sådant) och påstod att det är virus i vår dator, bla bla bla.

"Kan du sätta på din dator?" undrade de.

"Ett ögonblick" svarade jag, och satt kvar vid köksbordet och hällde upp kaffe åt mig själv.

"Sådärja, nu är den igång" sade jag efter en stund. I verkligheten stod datorn avstängd i ett annat rum.

"Tryck Windows+R" sade indiern. "Vad ser du nu?"

"En ruta där jag kan skriva något i" sade jag, och tog en tugga av efterrätten. Och så bokstaverade han ett kommando som jag skulle skriva in där. Jag lät honom bokstavera det en extra gång, bara för att.

"Vad ser du nu?"

"En lista med text" sade jag (min minnesbild av hur Windows Event Explorer ser ut är lite diffus), och tog en klunk kaffe.

"Bra, då kopplar jag dig till vår tekniker" sade han, och vips hade jag en ny indier i luren.

Indier nummer två pladdrade på om diverse fel, att varje rött kryss betydde tusen virus, eller vad det nu var.

"Mhm" tyckte jag, "det låter ju inte bra", och gav ettåringen en bit efterrätt för att han inte skulle störa vårt samtal.

"Tryck Windows+R igen" tyckte indiern, och gav mig en webbadress att knacka in. (Detta öppnar Internet Explorer till nämnda webbadress.)

Efter en liten konstpaus, som kunde tänkas motsvara den tid det tar för Internet Explorer att starta och öppna webbsiten, sade jag "yes".

"Ser du webbsiten" undrade han.

"Jo".

Och så instruerade indiern mig att klicka på någon knapp, ladda ner, installera och köra ett program som fanns på webbsiten. Jag lät honom tro att jag gjorde det. Man kunde riktigt höra hur han blev allt ivrigare ju längre tiden gick.

"Vad är ID-numret?" undrade han.

"083026" svarade jag, och skrev ner numret på ett kuvert som låg på köksbordet, ifall jag skulle behöva upprepa det påhittade numret igen.

Efter en stunds tystnad bad han mig att upprepa ID-numret.

"083026" läste jag från mitt kuvert.

"Men det borde vara ett 8-siffrigt nummer"

"Åh, sorry, 08302617" sade jag, och klottrade ner också de två sista siffrorna på kuvertet.

"Är du säker på att det börjar med en nolla?" undrade indiern.

"Ja."

"Ett ögonblick". Man riktigt kunde höra hur konfys indiern var. Han knappade in koden i sin ända, i tron att han därmed skulle komma åt min dator.

Efterrätten var snart slut; samtalet hade hållit på nästan en kvart. Jag lät honom fippla i sin ände en liten stund till. Sedan började jag predika:

"Sir, jag ska berätta något för dig. Jag har inte alls startat min dator. Det ID-nummer du nyss fick hittade jag på. Du är inte den första som ringer och påstår att det är virus i min dator. Jag är ingenjör, och jag har jobbat med datasäkerhet. Jag vet vad ni är för några: ni vill installera en trojan på min dator och lura mig på pengar. Det, Sir, är kriminellt. Den enda anledningen jag har pratat med dig i en kvart nu är för att hindra dig från att lura andra."

"F--k you, f--k you". Det lät som om en orm hade väst i mitt öra.

"Sir, tyvärr är jag för artig för att säga tack det samma" svarade jag, men då hade han väl redan lagt på.

Och jag tog sista tuggan av efterrätten, svepte kaffet, och gick ut med barnen och lekte i snön.

Vilken dator?

7 februari 2013

Hehe, nu ringde de igen och påstod att det var virus i min dator. Inte lika roligt samtal som förra gången, men jag lyckades uppehålla dem i drygt 21 minuter innan jag började predika för dem.

De fick klura ut vilken av våra datorer som strulade (han valde den med Windows Vista), sedan fick han vänta på att datorn "startade", och när sedan Windows-tangenten inte satt där den borde sitta enligt hans instruktion (ovanför Ctrl-tangenten finns en pil-upp-tangent, och bredvid den skulle flagg-tangenten finnas) vimsade jag runt lite och föreslog bl.a. Alt-tangenten innan jag till slut "hittade" rätt tangent.

Och efter att jag tryckt på Windows+R så frågade indiern om jag såg en ruta med "Run..." på. "Nej", svarade jag, "jag ser en ruta med 'Kör...' på". Han hängde dock med och övergick sedan att benämna alla mina fönster m.m. på svenska (med viss brytning...).

Denna gång fick jag inte nöjet att få uppfinna en egen kod, utan fick mig en kod tilldelad innan jag skulle ladda ner deras trojanska häst. Naturligtvis laddade jag inte ner den, utan låtsades vimsa runt lite mellan "spara" och "kör"-alternativen. När jag till slut "körde" trojanen frågade han vad jag ser på skärmen. Eftersom jag inte kunde se vad det icke-nerladdade icke-körande programmet gjorde försökte jag få honom till att berätta för mig vad jag borde se "så jag skulle hitta rätt", men den fällan föll han tyvärr inte i.

Så jag började istället försiktigt ifrågasätta om det verkligen var säkert att installera deras program, och då blev jag kopplad till vederbörandes "supervisor" som försökte övertyga mig. Jag frågade henne hur många hon var "supervisor" för, och hon duckade undan med att säga att det var "över 500 anställda" där som hjälpte folk.

Då började jag predika, "supervisorn" kopplade snabbt tillbaka mig till den första indiern, varpå jag började om min predikan, och han kopplade snabbt ner samtalet - denna gång utan att väsa som en orm.

På teknikens yppersta framkant

11 februari 2013

"Microsoft Technical Department" ringde igen. Jag tvekade lite, men eftersom treåringen satt och spelade Bamse-spel på datorn och resten av familjen var ute, tänkte jag att det kunde vara läge att prova en ny variant som jag klurat på...

Han började sin harang som vanligt. Efter en liten stund avbröt jag honom: "Jag måste starta SCT:n" förklarade jag. Sedan lyssnade jag vidare med ett kvarts öra. Indiern var tvungen att säga "hello?" flera gånger för att förvissa sig att jag fortfarande var kvar. Efter en stund avbröt jag honom igen och bad honom tala tydligare "för SCT:ns skull".

Till slut "startade" jag datorn. "Det tar lite tid" förklarade jag. "Take your time" löd det artiga svaret. Jo vars, det är ungefär det enda av era råd jag faktiskt ska följa, tänkte jag medan datorn "startade". I själva verket torkade jag av matbordet under tiden.

Idag "hittade" jag Windows+R fort, och snart var Windows Event Viewer "igång". Indiern undrade vad jag såg på skärmen. "Lite varningar" försökte jag med. Och mitt i proceduren bad jag honom att upprepa sitt namn och vilket företag han arbetade för, och hänvisade igen till SCT:n. Han upprepade namn och företag lydigt. Indiern var dock inte nöjd med vad jag påstod mig se på skärmen, och till slut var jag tvungen att låna datorn från treåringen och se vad som stod på skärmen. "Loggboken" svarade jag sedan sanningsenligt, men det var han fortfarande inte nöjd med. Han trodde nog att jag inte ens lyckats starta Event Viewer, så efter lite baltande till gav han upp och påstod helt sonika att det berodde på det påstådda viruset, och så skred han till nästa steg i sitt manus.

Denna gång instruerades jag att besöka en webbadress där man, efter att ha installerat den trojanska hästen, skulle läsa upp en kod som skulle synas på min skärm. Jag drog till med en slumpmässig kod (nåja, helt slumpmässig var den inte, eftersom jag tyckte det var kul att peta in "666" i den), varpå det sedvanliga hummandet och klickande på tangentbordet utbröt när koden i deras ände inte fungerade som förväntat. Jag fick "läsa upp" koden säkert ett halvt dussin gånger.

Vid det här laget var det dags att lägga in en ny växel i samtalet. Och i den vevan höjdes också adrenalinnivån i samtalet; jag bollades till en annan indier, och så till en tredje. Jag är inte säker på vem som sade vad till mig, eller vad jag sade till vilken indier, eller i vilken ordning, men nedan följer ett kondensat av det hela.

"Sir, vet du vad en SCT är?" frågade jag.

"Nej".

"Det är en mycket intressant top-of-the-edge grunka. Den sänder ultraljudpulser i vårt samtal, och mäter hur de reflekteras och påverkas av jordens magnetfält. På det sättet kan jag lista ut var ni befinner er geografiskt. En annan intressant funktion är att den spelar in ljudet av era röster, och analyserar fram en profil som är unik för varje människa, ungefär som ett fingeravtryck. Det, sir, kan användas mot er. För en SCT är Scam Call Tracer, och er verksamhet är ju, hm, inte helt legal".

"Jobbar du Microsoft, eller för ett företag som jobbar för Microsoft" frågade de upprört.

"Det kan jag inte säga."

"Men det här är inget trick [scam på engelska]".

"Yeah right. Förolämpa inte min intelligens. Jag är dataingenjör [osv], jag vet vad ni gör. Enda anledningen att jag uppehåller er är för att hindra er från att lura andra."

"Tror du att du är smart som försöker lura oss?"

”Vem är det som försöker lura vem?” kontrade jag. ”Jag är inte så dum att jag laddar ner ett program till min dator som låter er göra vad ni vill med den.”

”Du har en Windows-licens som har löpt ut, bla bla.”

”Sir, min Windows-licens är en helt lagligt köpt sådan, försök inte med det där.”

”Vi kommer att skicka en saftig räkning till din faktureringsadress för att du uppehållit oss.”

”Det är ni som uppehållit mig. Men det är mitt nöje att uppehålla er från att lura andra.”

”See you in court!” röt de, som i en amerikansk film.

”Det ska bli ett nöje”.

Någonstans här började indiern att flitigt använda ett visst fult engelskt ord (fyra bokstäver, börjar på f).

”Do not teach your father how to f---”

”Sir, kan du säga det igen?”

”Do not teach ... [osv]”

”Hur menar du, sir?”

Skrattretande nog försökte han att förklara idiomet för den dumme svensken.

”Jag tror inte att ni får fler kunder med det där språkbruket” tipsade jag.

Det fortsatte i samma tonläge från deras sida, på gränsen till obehagligt. Jag ska bespara er (och mig själv) detaljerna, men samtalet slutade ungefär så här:

”Jag ska säga dig två ord, och sedan lägger jag på” fräste indiern. ”Go and f--- [och lite till]”.

”Sir, det var mer än två ord det. Men det har varit ett nöje att samtala med er och hindra er från att lura andra. Och om ni ringer igen ska jag hitta på något annat än SCT för att uppehålla er igen.”

Han ringer upp – igen

12 februari 2013

Tro't eller ej, men här kommer dagens Indien-samtal:

"Hej, jag heter [si och så] och ringer från Microsoft Service Support [eller vad det nu var]. Vi får signaler från din dator om att..."

"Ja ja ja" avbröt jag honom, "vilken webbadress vill du jag ska gå till?"

"Öh, hmm, jag vill inte att du ska gå till någon webbsite" svarade indiern, tydligen lite förvirrad över att jag ville snabbspola i hans manus.

"Nähe".

Vi råkade ha gäster, så jag satte telefonen på högtalarläge så de kunde också få del av det roliga. Till slut "övertygade" han mig om att starta datorn. "Det tar en stund, den är väldigt långsam" sade jag, varpå jag lade ifrån mig telefonen på hyllan, och fortsatte ställa fram lite eftermiddagsfika till gästerna.

Jag misstänker att ljudet av barnröster, klinket av tekoppar och annat bakgrundsljud fick honom att bli misstänksam, för när jag efter några minuter hojtade in i telefonen att datorn nu var startad, då var han borta.

Efter några minuter ringer telefonen igen.

"Hej, det är jag. Känner du igen mig?"

Jo, jag kände igen indierns röst.

"Har din dator startat?"

"Ja"

"På ditt tangentbord finns en Ctrl-tangent, bredvid den..."

"Ja ja, du vill att jag ska starta Windows Event Viewer."
"Öh, hmm, [ohörbart]". Snabbspola i manuset har uppenbarligen en förvirrande effekt på dem...
"Vill du att jag ska starta Windows Event Viewer?" frågade jag igen.
"Öh, är den redan igång?"
"Ja, det är den."

Sedan blir det tyst. Och de har inte ringt på flera timmar nu.

När jag vann 1000 dollar

19 februari 2013

Telefonen ringde. Uppringande nummer ”0” visades i telefondisplayen. Ah, kontrahenterna från bortom haven. Det visade sig att de nu provade en ny ploj, mera pang på rödbetan.

”Hej, det här är Russel Clark på Swiss Bank” sade rösten. Och så förklarade han att jag på något fantastiskt sätt hade vunnit 1000 dollar. Återstod bara den lilla detaljen att han behövde mina kreditkortsuppgifter för att kreditera kortet med $1000.

Jovars, självklart ger man sitt kreditkortsnummer till första bästa främling som ringer och frågar efter den... Pucko, tänkte jag. Men människor ska bemötas med respekt, även om deras verksamhet är vedervärdig, så jag slog på mina bästa brittiska manér.

”Sir, hur vet jag att ni inte kommer att missbruka mitt kreditkortsnummer?” undrade jag.

”Du får en bekräftelse via e-post” svarade han.

”Men sir, hur vet jag att ni inte kommer att missbruka informationen?”

”Vi sätter in $1000 imorgon bitti, first thing in the morning.”

”Sir, du svarade inte på min fråga. Hur vet jag att ni inte missbrukar informationen?”

”Du kan ringa mig på mitt svenska nummer 184951152, jag heter Russel Clark” och så bokstaverade han namnet.

”Men sir, du har inte svarat på min fråga. Även om ni sätter in $1000, hur vet jag att ni inte snor $10000 nästa dag?”

"Du kan ringa vår kundtjänst på det numret och klaga om det inte skulle fungera."

"1-8-4-9-5-1-1-5-2"? frågade jag, och skrev ner numret.

"1-8-4-9-5-1-1-5-2" bekräftade han.

"Jag råkar vara expert inom telekom, och jag vet att numret inte är ett giltigt nummer i den svenska nummerplanen." (Man behöver f.ö. inte vara telekomexpert för att veta att svenska riktnummer börjar med 0...)

"Det är ett toll-free number [typ 020-nummer]" försökte han med.

"Sir, jag är telekomexpert. Svenska toll-free-nummer börjar inte med de där siffrorna."

"Kan du vara vänlig och bokstavera mig ditt namn, precis som det står på kreditkortet, och ge mig din postadress" försökte han i en avledningsmanöver.

"Ett ögonblick."

Under tiden hade jag hämtat min mobiltelefon och bara för sakens skull ringt 184951152. Mycket riktigt: en pratmaskin som säger "Numret du ringt används inte."

"Hur vet jag att ni inte missbrukar informationen...?" började jag, men kontrahenten på andra sidan haven avbröt mig och försökte pladdra på.

Jag höjde rösten: "Mr Russel Clark, lyssna på mig, om jag ska vara din kund!"

"Yes sir", sade han och tystnade.

"Sir, jag har två obesvarade frågor. 1) Jag har fortfarande inte fått någon garanti för att ni inte kommer att missbruka min kreditkortsinformation. 2) Det numret du angav är inte ett riktigt nummer. Jag ringde faktiskt det numret på min mobil medan vi pratade, och det numret används inte."

Och så brittiskt artigt som jag någonsin kunde, satte jag in dödsstöten: "Sir, may I suggest that you are lying?"

Hälla vatten på en gås

5 mars 2013

Jag hade börjat hoppas att polisen slagit till mot skojarna eftersom telefonledningarna från Indien varit lugna ett tag. Men icke, idag ringde "Microsoft Technical Department" igen.

Så jag spelade med en stund: startade datorn (läs: matade ettåringen med banan), tryckte Windows+R och startade EVENTVWR (läs: skalade en klementin och gav den till ettåringen), och beskrev listan av fel jag såg på skärmen (läs: hängde upp resten av tvätten på torkställningen).

Sedan växlade jag spår, och det lät ungefär så här:

"Sir, får ni betalt per timme eller per samtal för denna support?" undrade jag.

"Ööhh, din dator skickar felmeddelanden..."

"Ursäkta, men jag frågade: får du betalt per timme eller per samtal?"

"Det spelar ingen roll. Det handlar om din dator som skickar felmeddelanden..."

"Jo, du har sagt det. Men jag frågade hur du får betalt, för jag tror att ni gör en dålig business. Ni har nämligen ringt mig flera gånger, och det enda jag gör är att hålla linjen öppen och slösa med er tid. Ni tjänar ingenting på mig. Ingenting. Din chef och de som styr ditt företag är, ursäkta uttrycket, så dumma [stupid] att ni ändå fortsätter ringa mig. Ni borde ta bort mitt nummer ur ert register."

Men det var som att prata med en vägg. Allt jag sade och frågade var som att hälla vatten på en gås. Han fortsatte undra om jag hade hade surfat till ammyy.com och laddat hem deras trojanska häst. Så jag provade ett annat grepp:

”Sir, hur kan ni koppla ihop min dator med mitt telefonnummer?” (Det kan de inte.)

”Vi ser CLSID från din dator... [bla bla]”

”Men du svarade inte på min fråga: Hur kan ni koppla ihop min dator med mitt telefonnummer, för jag har aldrig skrivit in mitt telefonnummer i min dator.”

En kvart in i samtalet ger den förste uppringaren upp och kopplar mig till sin ”senior technical supervisor”, och jag kör en runda med honom:

”Hur kan ni koppla ihop min dator med mitt telefonnummer?”

”Det CLSID som din dator skickar är unikt [vilket inte är sant], och därför kan vi identifiera din dator...”

”Hur kan ni koppla ihop min dator med mitt telefonnummer?”

”Jo men du har väl köpt en Windowslicens, och du heter Paul Annala och har nummer [mitt telefonnummer]”

”Ja, men jag har aldrig skrivit in mitt telefonnummer i min dator.”

”Var köpte du din dator?”

”Det behöver jag inte tala om för dig”.

”När du köpte datorn så gav du ditt namn, din adress och ditt telefonnummer.”

”Nej, jag gav inte mitt telefonnummer.”

”Men du kanske gjorde det av misstag?!”

Av misstag - ja, eller hur?! Nu är han desperat, tänkte jag, så jag bytte tråd: ”Hur kommer det sig att ni ringer mig gång efter gång, trots att jag bara uppehåller er och aldrig låter er komma in i min dator?”

”Har vi ringt dig många gånger?”

”Ja, säkert en 10-20 gånger”

”Jo men, efter två veckor gör vi en uppföljning” försökte han med, varpå han försökte knuffa in mig på ”rätt” spår igen: ”Varje gång du surfar så laddas skadlig programvara ner till din dator, och jag ska hjälpa dig att...”

"Du, jag är inte så dum att jag låter er få tillgång till min dator och göra vad ni vill med den."

"Jo, men vi är seriösa och jobbar för Microsoft. Du kan ringa mig på 001-919 335 3915, jag heter Steven Marcus".

"Åhå, ni förbättrar ert lurendrejeri. Inte illa. Förra gången gav ni mig ett ogiltigt telefonnummer, nu ger ni mig vad synes vara ett giltigt amerikanskt telefonnummer. Men du, varför är ni så korkade att ni fortsätter att ringa mig, och slösa timmar av er och min tid, trots att jag aldrig *aldrig ALDRIG* kommer att låta er komma in i min dator. Det enda jag gör är att uppehålla er så att ni inte kan lura någon annan. Kan ni helt enkelt inte ta bort mitt nummer ur ert register?"

"Jag ska titta på det" svarade han undvikande.

"Lova mig att ta bort mitt nummer" röt jag.

Linjen tystnade efter drygt 24 minuter.

Fotnot: Jag övervägde att ringa 001-919 335 3915, låtsas dum och säga att jag ville kolla upp om detta detta verkligen är Microsoft Technical Department, och fråga om James Joycington (eller något annat påhittat namn) verkligen jobbar där. Och om James Joycington påstås jobba där ska jag förklara att de var puckade nog att gå i en fälla eftersom det ju var "Steven Marcus" som jag talat med, och lägga på luren. Men jag ids nog inte göra det...

Livskris

15 mars 2013

De ringde idag igen. Som kuriosa kan nämnas att nummer-
presentatören visade ett japanskt nummer (landskod 81), men
brytningen var definitivt inte japansk.

"Hej, det här är [ett namn] och jag ringer från Technical
Department of Windows Operating System. Hur är läget?"

"Jo tack, bortsett från att mina barn är upproriska, min fru
är allvarligt sjuk och min ekonomi har kraschat så är det bra.
Tack för att du frågar" svarade jag. (Det där om min fru, mina
barn och min ekonomi var förstås inte sant.)

Det uppstod en sekunds tystnad där borta i Indien, en sådan
där jobbigt lång sekund när man inte vet om det man nyss
hörde var ett skämt eller en hjärtesorg, samtidigt som hjärnan
frenetiskt försöker fundera ut ett lämpligt svar.

Han chansade tydligen på skämtalternativet, och började
skratta efter den där tysta sekunden. (Jag kanske borde ha
låtsats ta illa vid mig, men jag är för snäll för att driva för hårt
med andra, så jag lät det passera.) Sedan kom han till saken:
"Din dator är drabbad av dödligt virus".

"Menar du att min dator kommer att dö?"

"Ursäkta?"

"Menar du att min dator kommer att dö? Du pratade om ett
dödligt virus."

Han mumlade något om en licens som hade gått ut för en
månad sedan.

"Hur kommer du att ta bort viruset?" undrade jag.

"Jag ska koppla dig till in supervisor, han kan förklara
bättre än mig." Tydligen var killen ny på jobbet; hur lång tid

det tar tills man blir vidarekopplad till expertbedragaren
varierar mycket enligt min erfarenhet. Expertbedragarna
brukar dessutom prata bättre engelska.

Så jag började om cirkusen med "supervisorn".

"Hej, jag heter [si och så]. Hur är läget?"

"Bortsett från att mina barn är upproriska, min fru är
allvarligt sjuk och min ekonomi har kraschat så är det bra"
drog jag till med igen.

Han ignorerade min sorgliga livssituation och bad mig
starta datorn.

"Jag ska starta den, men den är såååå långsam" sade jag,
medan jag tog fram en potatisskalare och en påse potatis. Lika
bra att förena nytta med nöje, tänkte jag eftersom jag skulle
göra potatismos till kvällsmaten.

"OK, det gör inget" tyckte indiern.

Eftersom min påstådda livskris inte verkade slöa ner
bedragarna nämnvärt beslöt jag mig nu för att grilla dem på de
tekniska detaljerna. "Hmm, hur vet ni att det är min dator?"
undrade jag medan jag skalade en potatis.

"Vi är inte säkra på att det är din dator, men den kommer
från närheten ["your location" var hans ord]. Vi ska kolla om
det är din dator och fixa det i så fall."

Åh, slugt, tänkte jag. Ju luddigare "fakta" man ger, desto
svårare att ställa specifika frågor. "Hur vet du att det är i min
närhet?"

"Jo, varje gång du kopplar upp dig mot internet så går det
genom Automatic Routing System... bla bla."

Hehe, tänkte jag, du vet inte att du försöker lura en som
designar mjukvara för routrar. "Vilket routingprotokoll
används?" frågade jag.

"Va?"

"Du pratade om en Automatic Routing System. Vilket
routingprotokoll använder den?"

Klick.

Jag fick skala resten av potatisarna utan att få dela erfarenheten med min indiska kontrahent. Nästa gång jag vill uppehålla lurendrejarna ska jag tydligen göra något annat än att prata routingprotokoll med dem.

Gröna grodor på skärmen

18 mars 2013

Det svåraste med Indien-samtalen är att man själv inte kan
välja tid för dem. Idag var hela familjen involverad i vårt första
försök att tillverka hemlagad pasta när de ringde. Samtalet
fördes därför i en kakafoni av puttrande grytor, brölande
köttkvarn med tagliatellemunstycke, en treåring som ville mata
köttkvarnen med bollar av pastadeg, och en ettåring som
illvrålar ut sin frustration över att pastan inte befann sig i hans
hungriga gap. Så det blev ett lite spretigt samtal...

Indiern drog sin vanliga inledningsfras: "Hej, det är X..."

"Vad bra att ni ringer. Killen som ringde förra veckan
fixade min dator, och den var jättebra efter det, men nu är den
jätteslö igen. Kan du hjälpa mig?"

"Öh, ja... Kan du sätta på din dator?"

"Jovisst, men den är väldigt långsam."

"Det gör inget. Säg till när den är igång."

Efter en stunds pastakvarnande frågade jag indiern: "Du,
ibland får jag pop-up-fönster med gröna grodor som säger fula
saker till mig. Är det något virus jag lyckats ladda ner?"

"Ja, varje gång du surfar laddas virus ner [eller något åt det
hållet]. Har din dator startat ännu?"

"Nej, inte ännu."

Efter en stund frågade han igen om min dator hade startat.

"Ja", svarade jag.

"Vad ser du?"

"En Windows-logotyp" drog jag till med, för den ser man
ju under uppstarten. Indiern ignorerade dock det implicita

budskapet att datorn bara var halvvägs startad. Istället fortsatte han glatt som om datorn vore körbar, och jag spelade glatt med.

"Längst ner till vänster på tangentbordet, ser du en tangent med CTRL på?"

"CRLT?" svarade jag, avsiktligt fel.

"Ja. Bredvid den, ser du en tangent med en flagga på?"

"Den med fyra kvadrater på?"

"Ja, den. Tryck på den samtidigt som du trycker R".

"Jepp"

"Du, nu får jag upp ett sådant där pop-up-fönster med en grön groda på som säger oanständiga saker till mig."

"Eh, tryck ner Windows-tangenten samtidigt som du trycker R."

"Vad ser du?"

"En ruta som det står 'Run' på."

"Skriv www.windowspccare.org i den" instruerade han.

Nedrans, det där var en ny webbplats som jag inte kände till, datorn stod ju nersläckt på vardagsrumsbordet, och jag hade fullt upp i pastafabriken, så nu måste jag chansa. Tack och lov var indiern av den hjälpsamma sorten som mer eller mindre talade om för mig vad jag skulle se, så efter lite hummande och chansande från min sida undrade han om jag såg något rött längst ner.

"Eh, ja" svarade jag, medan den pinfärska pastan fick åka ner i grytan.

"Tryck på den. Vad ser du?"

"Öh, ska jag spara eller köra?" chansade jag.

"Kör"

Puh, det var alltså ett program som jag nu installerade på min synnerligen virtuella maskin. Frågan var dock bara vilket beteende detta för mig okända program kunde tänkas ha.

"Kan du ge mig ditt id?" undrade indiern, och syftade på något id-nummer som skulle dyka upp på min skärm medelst vilken han kunde ta kommandot över min dator. Efter lite lirkande fick jag reda på att id-numret skulle bestå av 8 siffror.

Åtta siffror är ju lätt att hitta på: "20130401" meddelade jag honom. Jag överlåter åt dig, käre läsare, att fnissa om du vill. (Ledtråd: tänk datum.)

Som vanligt uppstod en viss förvirring i andra ändan. Efter att ha upprepat koden några gånger, dock utan önskvärt resultat på andra sidan haven, blev jag vidarekopplad till "supervisor".

Jag fick upprepa koden till supervisorn några gånger. Sedan frågade han efter min IP-adress som antagligen också skulle synas på skärmen. "192.172.387.014" meddelade jag honom. Den insatte läsaren inser att den IP-adressen är rappakalja: varje del i adressen kan ha högst värdet 255, delen med 387 är alltså nonsens. Till min besvikelse svalde lurendrejaren den korrupta IP-adressen med hull och hår.

"Du, nu får jag upp ett pop-up-fönster med en grön groda på som säger oanständiga saker till mig" flikade jag in.

"Tryck bort den, och tryck på Windows+R igen" sade supervisorn, och bad mig surfa till den tidigare nämnda webbsidan igen. På den sidan finns tydligen flera andra program som används för att fjärrstyra en dator, och han försökte nu få mig att installera en annan trojansk häst i stället.

Jag dummade mig en liten stund till och lät honom guida mig på webbsidan som jag inte såg. Det blev instruktioner i stil med: "Bredvid det röda A:et finns ett blått [någonting], kan du trycka på den... Vad ser du nu? ... Ja, installera den ... Vad ser du nu?"

Jag tyckte mig närma mig vägs ände nu med vad jag kunde låtsas. Men framför allt hade pastan kokat färdigt, barnen skulle matas och hustrun hade bråttom iväg, så jag gav samtalet nådastöten: "Sir, vet du vad. Nu är det dags för mig att äta middag, och ni försöker bara tränga er in i min dator och stjäla information från mig och lura mig."

Rösten i andra änden sänkte sig en oktav och började väsa och utstöta gutturala läten. Jag uppfattade inget av vad han sade, och det var nog lika bra det. Jag tryckte bort samtalet och lät mig väl smaka av pastan.

Vem betalar telefonräkningen?

21 mars 2013

Dessa Indien-samtal blir allt mer bisarra. Nedan är ett kondensat av dagens andra (!) samtal.

”Hej, det här är X från... bla bla... Kan du starta din dator?”

”När ni ringer mig så brukar jag låtsas som att jag gör som ni säger, men i själva verket gör jag inte det. Jag brukar uppehålla er i en halv timme eller en timme för att hindra er från att lura några annan. Hursomhelst låter jag er aldrig komma in i min dator.”

”Är det någon slags skämt du kör då?” undrade han.

”Ja, vi kan kalla det för ett skämt. Vill du att jag kör den svängen med dig?” undrade jag, underförstått att det andra – smartare – alternativet är att vi avslutar samtalet omgående.

”Javisst” svarade han.

”???” undrade jag, för det svaret hade jag inte förväntat mig.

”Ja, jag kan sitta här 7 eller 8 timmar med dig. Du kan hålla linjen öppen hur länge du vill” sade indiern. Och så gjorde han någon liten utläggning om att de fick betalt per timme. Jag missade detaljerna, men hans konklusion var att det var *jag* som betalade för samtalet, och att de fick provision på det.

”Öööh” svarade jag, ”det är ni som ringer mig, och då är det ni som betalar samtalet, inte jag”.

”Näe, det är du som betalar.”

”Du, jag har arbetat inom telekom och vet hur debiteringen sker. Det är ni som betalar samtalet, inte jag. Om jag ringer dig, då betalar jag samtalet. Om du ringer mig, då betalar du samtalet.”

"Nej, det är du som betalar" insisterade indiern, och så gick han till anfall: "Du tror att du vet hur allt fungerar och tror att du är smart som håller linjen öppen och driver med oss. Men du är inte den ende som är smart. Du tror att du lurar oss, men det är du som betalar."

"Det är helt riktigt att det finns många som är smartare än mig här i världen. Men det är inte jag som betalar".

"Jo, det är du som betalar" envisades han. "Titta på din nästa telefonräkning."

"Ni har hållit på med dessa samtal i veckor och månader. Jag har tittat på min telefonräkning, det är inte jag som betalar."

"Jo, det är du."

"Du, antingen ljuger du mig rakt upp i ansiktet, eller om någon har sagt dig att det är jag som betalar det här samtalet, då ljuger de för dig" snäste jag. "Men", fortsatte jag, "om det nu är så att jag betalar dessa samtal, varför kör ni då alltid samma visa om att min dator är i fara. Kan ni inte sälja in något annat i stället? Och varför blir ni så förbannade när jag efter en halvtimme in i samtalet avslöjar att jag bara fejkat allting?"

Jag fick inga bra svar på mina frågor. Vi munhöggs lite till, och sedan gjorde han en kovändning och började skratta. "Du, vi tar inget betalt för det här samtalet. Tack för din tid, och hejdå."

"Hejdå, och ha en bra dag" replikerade jag, och lade på luren.

Det var sannerligen ett bisarrt samtal. Nästan så jag började undra om de driver med mig som driver med dem, och att man snart inte vet vem som driver med vem...

"Jag har en banan i örat"

21 mars 2013

Hustrun var på jobbet, treåringen var på dagis, ettåringen låg och sov, och jag skalade ugnsrostade paprikor när de ringde. (Jag kan försäkra er om att jag inte är en så stor matkreatör som dessa alster kanske ger sken av, men jag kan ju inte rå för att de nästan alltid ringer kring lunchtid.) Denna gång satte jag faktiskt på datorn eftersom jag ville spela in vårt samtal.

Samtalet började som vanligt med en inledande harang om att datorn är "at high risk". "Kan du starta din dator?" bad han mig.

"Visst, men den är ganska slö." Vilket inte är sant, med SSD-hårddisken tar det inte många sekunder...

"Är den igång?"

"Den håller på att starta" svarade jag.

"Take your time" tyckte han artigt.

Vilket jag gjorde.

Nedrans vad pilligt det är att skala paprikor.

Men att bara hålla käft och skala paprikor är ju trots allt inte så kul i längden, så efter dryga minutens tystnad låtsades jag att datorn var igång.

"Fokusera på tangentbordet. Längst ner till vänster, ser du Ctrl-tangenten?"

"Vilken då tangent?"

"Ctrl-tangenten, längst ner till vänster" upprepade han.

"Jag har en sjukdom i hörseln som gör att jag ibland inte
hör dig" förklarade jag. "Den heter 'musa sapientum est in
aure' på latin. Det är lite lustigt, men det betyder 'jag har en
banan i mitt öra'".

Han tvekar en kort sekund, men fortsätter sedan: "Bredvid
Ctrl-tangenten, ser du Windows-tangenten? En tangent med en
flagga på?"

"Är den till vänster om Ctrl-tangenten?" frågade jag, bara
för att han tjatade om längst ner till vänster hela tiden.

"Alldeles bredvid Ctrl-tangenten" sade han.

"Där finns en FN-tangent" sade jag, sanningsenligt.

"???"

"En tangent som det står FN på."

"Ser du FN-tangenten?" frågade han?

"Nu ser jag Windows-tangenten" korrigerade jag mig.

Fem minuter in i samtalet är vi så långt att han börjar instruera
mig att samtidigt trycka på Windows-tangenten med ett finger
och R med ett annat, knacka in E-V-E-N-T-V-W-R i rutan osv.
Därefter börjar den sedvanliga seansen med EventViewer. Han
vill få mig att klicka på "Application"-fliken, medan jag bara
hittar "Program"-fliken (mycket sanningsenligt, ty det är ett
svenskt Windows jag har). Till slut är jag tvungen att "hjälpa"
honom och säga att applikation och program är samma sak,
och så kommer vi vidare.

Jag låter honom dra sin harang om varningsmeddelandena,
och låtsas hänga med.

"Du, ibland när jag surfar på nätet, då får jag pop-up-
fönster med gröna grodor på och som säger fula saker till mig.
Är det virus jag har laddat ner?" inflikar jag plötsligt.

Det uppstår ett par sekunders tystnad, som om han inte vet
vad han ska säga. Till slut bestämmer han sig för att lite
skrämseltaktik kombinerat med mera blå dunster nog är vad
jag behöver. Ljudet är dessvärre hackigt och burkigt, men som
jag uppfattar det menar han att det jag har fått är ett slags

"electronic junk" som är mycket farligare än virus, och att det är därför han har ringt för att hjälpa mig.

Därefter kommer en ny skopa med blå dunster som jag hittills inte stött på i dessa samtal. Han ber mig köra "inf"-kommandot, vilket i verkligheten listar vissa filer som hör till Windows-operativsystemet, men han försöker få mig att tro att det är "criminal records" (!) som någon hackare installerat på min dator, och att min dator därför är "seriously infected"!

Paprikorna – som skulle användas till kvällsmaten – är färdigskalade vid det här laget. Jag kör lite rester i mikron till lunch och börjar inmundiga dem, allt medan min vän på andra sidan haven fortsätter puffa ut virtuella moln av blå dunster genom telefonen. Han ska nämligen också verifiera mitt "licens-id". Han ber mig köra "assoc"-kommandot och instruerar mig noga att bara bekräfta om det CLSID han rabblar upp är samma som jag ser på skärmen. Och så rabblar han upp 888DCA60-FC0A-11CF-8F0F-00C04FD7D062, och visst matchar det. Det är förstås inte konstigt eftersom det är samma harang i alla datorer med Windows på, men jag spelar med.

Det har nu gått drygt 20 minuter, och han ber mig att dröja kvar medan han kopplar mig vidare till en "senior technician" som ska hjälpa mig. Håhå, tänker jag, snart får jag skoja med expertskojarna!

"Hej, jag heter Y, och samtalet har kopplats vidare till Technical Department" säger en ny röst efter en liten stund.

"Ursäkta, är det Technical Support Department eller Technical Maintenance Department?" undrar jag.

"Vi ringer från din dators Technical Department."

"Okej, bara Technical Department alltså, inte Technical Support Department eller Technical Maintenance Department. Okej, fortsätt."

"Din dator har blivit hackad, och du såg filerna."

"Jaha."

Sedan ber han mig trycka på Windows+R, och frågar: "Ser du en ruta?"

"Ja. Och nu ser jag en till. Du, är det virus jag har fått på min dator?"

"Nej nej nej. Fokusera på datorn nu. Din dator kopplas till 'Technical Server', och du behöver inte oroa dig för något. Fokusera på Kör-rutan, och skriv in www.teamviewer.com."

Jag surfar till webbsidan bara för att kunna spela charaden en stund till.

"Klicka på 'Delta i fjärrstyrd session'" instruerar han mig.

"Ska jag Spara eller Köra" frågar jag.

"Klicka på 'Kör'".

Det tänker jag ju förstås inte göra, alltså får jag göra mig besvärlig istället. "Men vad händer om jag kör? Är det inte farligt att ladda ner ett program så här från Internet?"

"Ja ja, tala om vilka alternativ du ser" säger han utan att lyssna, i tron att jag har klickat på 'Kör'.

"Men du, jag är tveksam till att installera ett program så här bara för att någon ringer till mig och säger åt mig att göra det. Jag har hört talas om att det är riskabelt."

"Du behöver inte installera något" säger han. Sicken lögn, tänker jag "Vad ser du? Vilka alternativ ser du?" undrar han ivrigt.

"'Kör' eller 'Cancel'?" frågar jag.

"Klicka på 'Kör'"

"Men jag är tveksam till det. Hur ska jag kunna lita på att programmet inte gör något dumt?"

"Det här är ett sätt att koppla din dator till dem som ska fixa den. Du behöver inte oroa dig för något. Klicka på 'Kör' bara. Den installerar inget. Den kopplar dig till Technical Department. Klicka på 'Kör' bara."

Han är uppenbarligen otålig. Mycket tjat om att klicka på 'Kör'...

"Men hur ska jag lita på er, och veta att ni inte gör något dumt?"

”Jag ska tala om något för dig. Din IP-adress har blinkat rött på vår skärm i två veckor. Det är för att din dator har blivit hackad. Och hacking är kriminellt i hela världen, eller hur sir?”

”Ja. Du pratade om min IP-address, kan du tala om min IP-adress för mig” frågar jag, nyfiken på vad han ska svara.

”192.8004.2033. Din dator har blivit hackad.”

”Så 192.8004.2033 är min IP-adress?” frågar jag, för jag vill verkligen förvissa mig om att jag har hört rätt.

”Ja.”

Den som vet det elementära om IP-adresser vet ju att han borde ha sagt något i stil med 192.80.42.33, men den där IP-adressen han gav mig är inte bara lögn. Det är en riktigt usel, oproffsig lögn. Ungefär som att påstå att 730844-123 är ett giltigt personnummer.

”Är det en IPv4 eller IPv6-adress?” frågar jag, bara för skojs skull.

”Det är din dators adress. Vi ska koppla dig till Technical Department. Oroa dig inte. Klicka på 'Kör' bara.”

”Men du, jag är förbryllad av den här IP-adressen. En IP-adress består ju av fyra delar.”

”Oroa dig inte. Varför tvekar du?”

”Det låter som en konstig IP-adress. Förresten, hur vet ni att ni ska ringa mig med hjälp av den adressen?”

”Vi har spårat din IP-adress, och din dator har blivit hackad. Klicka på 'Kör' bara”.

”Men hur vet ni mitt telefonnummer?” envisas jag.

”Klicka på 'Kör' bara.”

”Men jag ställde en fråga. Hur kopplar ni min IP-adress till mitt telefonnummer?”

”Vi har spårat din IP-adress till den byggnad där du bor, och så vet vi ditt telefonnummer. Klicka på 'Kör' bara.”

”Ni får mitt telefonnummer från min IP-adress. Det låter konstigt.”

”Ja, Klicka på 'Kör' nu.

Milda makter vad han tjatar om att köra! Jag är tyst en stund för att hitta på ett annan vinkel.

"Kan du säga mig ditt namn och ge mig ett telefonnummer så jag kan kolla att du är den du påstår dig vara" försöker jag med.

Nu är det hans tur att vara tyst en stund. Sedan frågar han mig: "Sir, tala om för mig vad som håller dig tillbaka?"

"Ja, det ska jag göra. Jag litar inte på er. Jag är mjukvaruingenjör och jag har jobbat med säkerhet..."

Han avbryter mig, och gör ett oväntat drag: "Sir, du är svensk medborgare, eller hur?"

"Ja."

"Du gör kriminella saker på din dator!"

"Gör jag kriminella saker på min dator?" undrar jag, och håller på att tappa hakan på köksbordet.

"Ja."

"Åååh, vad är det för kriminella saker jag gör?"

"Vi har spårat dig och du har brutit mot lagen. Vi har bevis på din kriminella aktivitet."

"Vilken slags kriminell aktivitet?"

"Du stjäl andra människors dokument!"

"Har jag stulit andra människors dokument?"

"Ja"

"Men jag har inte stulit..."

"Du är den person som har hackat andra människors datorer i Sverige och utlandet."

Vår dialog är sannerligen absurd, men eftersom detta är det enda samtalet jag spelade in har jag ljudbevis på att det lät så där. Till slut börjar jag garva.

"Du säger jag har hackat andras datorer. Well sir, det har jag inte."

"Bevisen visar tydligt att du har det."

"Sir, det blir inte sant bara för att du upprepar det. Och vet du vem jag tror är de kriminella i det här sammanhanget? Det är ni, för jag vet mycket väl vad ni..."

Han avbryter mig, men jag är igång, så jag höjer rösten: "Sir, avbryt mig inte. Ni vill ta er in i andras datorer och stjäla information, bedra eller vad det nu är ni gör. Enda anledningen att jag pratar med er är att hindra er från att lura andra.”

”Är du den enda personen i Sverige som pratar så'nt bull shit, eller gör alla det?” frågar han.

”Jag kan inte svara för alla andra i Sverige. Jag snackar inte bull shit. Jag pratar med er bara för att uppehålla er från andra som är mindre datorvana än mig.”

”Du är en komplett idiot.”

”Är jag? Det är intressant att ni först ringer mig för att hjälpa mig, men när jag ifrågasätter vem ni är så börjar ni kalla mig fula saker. Det är inte artigt.”

”Vaddå artigt? Du är en komplett idiot.” upprepar han.

”Är det inte elakt att säga så till andra människor?” undrar jag.

Han verkar lägga på, men samtalet kopplas till någon annan, antingen den första snubben jag pratade med, eller någon annan snubbe i deras näringskedja.

”Vad är problemet sir?”

”Problemet är att jag inte litar på er. Och vem talar jag med nu?”

”Lugna ner dig. Låt mig förklara något för dig, sir. Jag visade dig allt, gjorde jag inte det. Varför är du så misstänksam?”

”Jag är misstänksam för att jag inte är korkad.”

”Någon har lagrat stulna dokument på din dator. Du kommer att åka fast. Det måste fixas. Du är i riskzonen. Varför slösar du på din tid?” försöker han med.

”Jag slösar på er tid för att hindra er från att lura andra.”

”Sir, varför slösar du på din tid?”

”Varför slösar ni på min tid? Ni ringer mig gång på gång på gång, trots att jag bett er att ta bort mitt nummer från er lista. Men ni är så korkade, ursäkta mig, ni och ert bolag är så korkade att ni ändå ringer mig gång på gång, och det enda jag gör är att uppehålla er. Och sen skriver jag på Facebook om dessa samtal, och folk får sig ett gott skratt.”

”Okej okej, du är det stora skämtet.”

"Är jag det stora skämtet?"

"Du är det stora skämtet, den stora idioten, [ohörbart], den stora allting. Okej?"

"Åh tackar, det var vänligt. Det är mycket service-inriktat att kalla folk för idioter."

Han mumlar något mera, jag hör inte vad han säger, förmodligen är det mera okvädningsord.

"Jag håller nog inte med dig om det" säger jag när han tystnar.

"Okej, f--k off" blir hans sista replik.

"Good-bye. Ha en bra dag."

Och om ni undrar, paprikorna blev en god ingrediens i kvällsmaten.

Eman Ynnuf svarar

2 april 2013

Indierna verkade respektera både stilla veckan och 1:a april, men idag ringde de igen.

"Hej, det är X från Windows Operating Support [eller vad det nu var den här gången]. Är det mr. Paul Annala?"

"Nej, det är Eman Ynnuf" svarade jag. (Hint: Läs namnet baklänges.)

"Jaha, din dator..."

"Aah, ni ringde ju förra veckan och fixade min dator. Är det säkerhetsproblem nu igen?"

"Nej, jag har inte sagt att det är säkerhetsproblem. Vi vill bara kolla upp din dator. Det tar bara 5-10 minuter."

"Ni ska kolla min dator?"

"Ja, det är en uppdatering som behövs. Har du satt på din dator?"

"Glömde ni uppdatera förra veckan?"

"Ja."

"Det var ju inte bra. Men du, jag är ju inte den ni sökte. Jag är Eman Ynnuf, inte den där Paul som ni sökte. Hur ska jag kunna låta er gå in i datorn?"

"Ett ögonblick" svarade indiern. Och jag tror faktiskt att jag överhörde honom fråga någon annan i bakgrunden om det var OK att prata med någon annan än den som de trodde att de ringde. Tydligen svarade bossen (?) att det var OK, för strax var han tillbaka.

"No problem. Paul är borta [on leave]. Är datorn på?"

"Paul är borta säger du. Sade han det förra veckan?"

"Ja".

Håhåjaja, tänkte jag. Ljuger man om tekniska saker så kan man ju också ljuga om vad jag sade i ett samtal som aldrig ägt rum...

Jag lät det hela bero, och här någonstans blev jag vidarekopplad till en "tekniker".

"Hej, det här är Y och jag ska hjälpa dig..."

"Ni hade glömt att uppdatera min dator" sade jag.

"Nej, vi har inte glömt att uppdatera."

"Jo men din kollega sade nyss att ni hade gjort det. Ni ringde ju förra veckan och fixade min dator då."

"Vi ska bara kolla upp din dator."

"Men du, ringer ni upp alla Windows-användare och fixar deras 'problem'?"

"Eh, bara dem som..."

"Det finns 1 miljard Windows-användare, och ni ringer upp dem typ en gång i veckan. Ni måste vara minst 10 miljoner som jobbar där. Wow, det måste vara ett häftigt call-center!" hävde jag ur mig.

Men nästan oavsett vad man säger så är det som att hälla vatten på den berömda gåsen, för de envisas med att försöka återgå till sitt manus. Indiern instruerade mig att gå till www.teamware.com för att ladda ner programmet som skulle ge dem tillgång till min dator.

"Du, det är nog bäst att min son får sköta det här. Han är datorsnubben här i familjen" sade jag, slog på högtalaren i telefonen och räckte över luren till ettåringen. Samtalet, om det nu kan kallas för samtal, mellan indiern och ettåringen lät ungefär så här:

"Hallå?" ropade indiern.

Tystnad.

"Hallå?"

"Uh"

Tystnad

"Uh uh" förtydligade ettåringen.

"Hallå?"

Ettåringen svarade med att trycka på telefonens knappsats, så att indiern fick några DTMF-tonvalssignaler i örat.

Sedan återtog jag telefonen och förklarade att grabben inte riktigt lyckades. "Han är ju bara ett år" sade jag ursäktande.

Indiern sade inget. Vattnet rann av gåsen.

När jag nu var tillbaka på tråden ville han ha mitt teamware-id och lösenord.

"20130401" gav jag honom; 1:a april är ju trots allt ett lämpligt id att ge dessa skojare.

"Det är inget giltigt id" sade han efter en stund. "Det ska vara 9 siffror."

"Jaha, 201304018".

"Det är inget giltigt id" sade han igen.

"Nej, det är det inte, och jag ska tala om varför. Jag hittade på det id:t."

"No problem, gå till teamware.com."

"Nej. Varför ska jag låta vem som helst som ringer upp mig få ta kontrollen över min dator? Så dum är jag inte."

"Fokusera på tangentbordet och öppna Internet Explorer..."

"Nej, jag tänker inte fokusera på tangentbordet. Varför ska jag lita på er?"

"Jo men, jag ska visa dig ditt licens-id, och det id:t ser vi i meddelanden som din dator..."

"Ge mig inte det där tugget om CLSID. Det är samma CLSID på nästan alla Windows-datorer."

"Är den samma?"

"Ja, det är den."

Vi gick runt i cirklar: jag ställde en fråga, de undvek den, och försökte få mig envist att släppa in dem i datorn. Till slut gav de upp och lade på med ett "goodbye"!

Protokollfråga

11 april 2013

Indierna ringde när jag höll på att inmundiga en kopp av mitt nyanskaffade etiopiska Yirgacheffe Peaberry-kaffe, tillsammans med en medelmåttig pain au chocolat.

(Förresten: Varför är det bara i Frankrike man får riktigt goda croissanter, pain au chocolat etc.? Till och med på det där sjaviga hotellet inklämt någonstans mellan landningsbanorna på Charles de Gaulle var croissanterna godare än jag kunnat hitta någonstans i Sverige. Nåväl, det var ju inte det jag skulle skriva om...)

Som sagt, de ringde, men eftersom jag snart skulle hämta treåringen från dagis, förlåt förskolan, så fick min altruistiska uppehålla-dem-så-länge-som-möjligt-princip stryka på foten, och samtalet expedierades ganska raskt.

"Hello, det här är X från Windows Technical Department. Hur är läget?"

"Bra" löd mitt koncisa svar.

Det uppstod en sekunds tystnad eftersom jag inte återgäldade artigheten. Jag väntade ut tystnaden tills indiern tog initiativet och kom till sitt ärende. "Vi har under lång tid tagit emot felmeddelanden från din dator...bla bla"

"Jag tänker inte tro något av vad du säger, och jag tänker inte släppa in er i min dator. Nu när det är sagt: vill du lägga på, eller vill du fortsätta snacka?"

Han valde uppenbarligen det sistnämnda eftersom han fortsatte: "Din dator är i riskzonen. Hårddisken på din dator kan krascha när som helst..."

”Jag tror inte på vad du säger, och jag tänker inte släppa in er i min dator.”

”Ja men, det här är ett nödläge [emergency call]...”

”Jag sade att jag inte tror på vad du säger, och att jag inte tänker låta er fjärrstyra min dator. Vilken del av det var svårt att förstå?”

”Jo men... Använder du inte din dator för att surfa på Internet?”

”Ja.”

”Men då laddas det ner skadlig mjukvara som kan förstöra din dator.”

”Jag tror inte på dig.”

”Men sir, vad ska jag säga för att övertyga dig?” undrade han. Han lät faktiskt en smula desperat.

”Inget. Jag är datavetare själv, så jag vet vad jag pratar om. Ni har ringt mig tiotals gånger för att 'fixa' min dator, och jag gör inget annat än att uppehålla er.”

”Du är datavetare? Men då vet ju du att man kan få skadlig mjukvara om man är på internet.”

”Jo det vet jag. Och jag vet också hur jag kan skydda mig.”

”Eh, hm, kan du sätta på din dator?”

”Du vill att jag ska starta Windows EventViewer. E-V-E-N-T-V-W-R, efter att först ha tryck på Windows+R förstås. Och du vill få mig att tro att alla de där varningarna jag ser är dessa felmeddelanden?”

”Har du satt på din dator?”

”Du, om ni nu får dessa felmeddelanden, med vilket protokoll skickas de?”

”Va?”

”Med vilket internet-protokoll skickas de här påstådda felmeddelandena?”

”Det finns många internet-protokoll” svarade han svävande.

”Ja, det gör det. Vilket av dem används?”

Det blev tyst. Jag var inte säker på om han lade på luren, eller om han försökte få hjälp från sina kolleger, eller om han kopplade vidare mig till sin överrock. Jag väntade någon minut till, i förhoppning om att åtminstone få deras telefonräkning att ticka lite till. Men då Yirgacheffe-koppen var slut och det bara fortsatte komma vitt brus ur luren lade jag också på.

James Joyce blir insyltad

24 april 2013

Ettåringen höll på att äta lasagne med hela kroppen, på
ettåringars vis, och jag åt dito – på lite mer vuxet vis – när
telefonen trudeluttade och displayen meddelade "Okänt nr".
Jag slog på högtalarfunktionen och lade ner telefonen bredvid
tallriken medan jag åt det som var kvar.

"Hej, det här är X från ... Du har fått skräpfiler... din dator
riskerar att krascha..."

"Ursäkta, men om du fixar min dator, hur länge kommer
skräpfilerna att vara borta?" undrade jag. Min plan var att
klaga på att deras "fix" inte är särskilt hållbar eftersom de
ringer så ofta.

"Om du slår på din dator så ska jag visa dig filerna..." sade
indiern.

"Om du fixar min dator, hur länge kommer skräpfilerna att
vara borta?" frågade jag igen.

"Jag ska visa dig. Är din dator på?"

"Sir, jag ställde en fråga: Om du fixar min dator, hur länge
kommer skräpfilerna att vara borta?"

"Uhu" sekonderade min lasagnekladdiga ettåring in i luren.

"Vad menar du?" frågade indiern.

"Jag menar att om du tar bort skräpfilerna idag, kommer jag
då att få nya skräpfiler imorgon?"

"Eh, jag vet inte" svarade han.

"Så du försöker erbjuda mig en tjänst du inte vet fungerar?"

"Eh, hm..."

"Och hur vet du förresten att det är min dator?"

"Är du inte Malin Annala?"

"Nej. Jag heter James Joyce" kontrade jag. Det kanske är taskigt att dra in en död irländsk författare i dessa samtal. Men å andra sidan anser jag det vara taskigt att skriva obegripligt. För många år sedan försökte jag mig nämligen på att läsa "Ulysses" på engelska, eller vilket språk det nu var skrivet på, för av den engelskan begrep jag noll, och gav upp efter två sidor. Så Joyces medverkan här får kanske betraktas som en liten missnöjesmarkering mot Joyce...

Nåväl, jag hade alltså utgivit mig för att vara James Joyce. Det bekom dock inte indiern nämnvärt. "Känner du Malin Annala?" undrade han.

"Nej" svarade jag, vilket möjligtvis är sant i den meningen att den gode Joyce ju knappast kunde ha känt min fru eftersom han dog några årtionden innan hon föddes.

"Det är ju ett kvinnonamn, och du är en man" svarade indiern insiktsfullt.

"Du kanske har fått fel nummer?" föreslog jag.

"Kanske det" sade indiern och lade på.

James Joyce fick gästspela igen i dagens andra samtal som kom några timmar senare.

"Hej, är det Paul Annala?"

"Nej, det är James Joyce" svarade jag.

Indiern fortsatte oberört: "Din dator... bla bla... Känner du till dessa skräpfiler?"

"O ja, ni har ringt mig 20, 30, 40 gånger om dem, så jag känner till dem mycket väl."

"Eh, jasså, men jag har ju inte ringt dig."

"Nej kanske inte du, men ni från Windows Technical Department, Windows Service Department eller vad ni nu än utger er för att vara" sade jag med en tydlig sarkastisk ton.

"Eh, jaha, sorry då."

Röd dag

1 maj 2013

Solen sken och de röda fanorna vajade i vinden, och partierna
med rött i sina logotyper talade om solidaritet, rättvisa och
annat fint. I telefonskojarnas call-center verkade dock
arbetarnas dag vara en normal arbetsdag, de ringde nämligen
två gånger denna första majdag. Det andra samtalet kom dock
medan ingen var hemma, och det första samtalet blev kort – *så*
kul är det ändå inte att prata med indierna på sin 10-åriga
bröllopsdag.

"Hej, det här är X från Windows Technical Maintenance.
Hur är läget?"

"Tack bra", svarade jag, "och hur är vädret i Indien?"

"Eh... jag ringer inte från Indien."

"Nähe, varifrån ringer du?"

"Från Skottland" svarade han, och preciserade sig med en
ort vars namn som jag inte lade på minnet. Om det var sant
eller inte kan jag inte avgöra - landsnumret från uppringande
nummer var i alla fall *inte* Skottland utan ett östeuropeiskt land
när jag kollade efteråt. Å andra sidan kan man ju med dagens
integrerade IP- och telenät inte vara helt säker: Indien,
Skottland, Tjeckien, Slovakien, whatever. Viss indisk brytning
var det i luren hursomhelst.

"OK, jag ber om ursäkt" svarade jag soligt för att släta över
frågan om geografin.

Han levererade sin inledningsharang: "Vi har under en
ganska lång tid fått felmeddelanden från din Windows-dator
om att du har laddat ner skadliga filer, och din dator kan

krascha när som helst..." Jag lät honom pladdra på; jag kan den
där harangen utantill snart.

"Kommer du att fixa datorn?" frågade jag.

"Ja, jag ska visa dig filerna och ta bort dem. Känner du till
de skadliga filerna?"

"O ja, jag känner till dem" svarade jag som om det var den
självklaraste sak i världen.

Han lät lite tagen på sängen: "Jasså, var finns de då?"

"Tja, det beror på vilken story du vill dra. Till exempel kan
man ju köra INF-kommandot och se alla filerna där." Och efter
en kort konstpaus fortsatte jag: "Men de filerna är ju i själva
verket normala filer som hör till operativsystemet."

Tystnad.

"Hallå?" sonderade jag in i luren.

Mer tystnad.

Eftersom jag hade andra planer för dagen tänkte jag inte
vänta på att en "senior technician" eventuellt skulle bryta
tystnaden, så jag lade på. Vi gick ut i solskenet, passerade de
röda "kamraterna" och deras fanor i Trädgårdsföreningen, men
i stället för att engagera oss politiskt begick vi säsongspremiär
på Åbacka café.

Lemon curd

8 maj 2013

Hustrun har ibland också svarat i luren när de ringt. Hon brukar dock expediera dem i raskare tempo än mig. Ungefär följande lilla telefonkonversation ägde rum medan hon höll på att röra ihop en citronmousse bestående av kesella, vispad grädde och lemon curd:

"Hej, det här är från Windows Technical Department... bla bla... Arbetar du med datorn nu?"

"Nej, jag håller på att laga mat. Tycker du om lemon curd?"

Indiernas manus hade tydligen inte tagit höjd för ett sådant svar eftersom han lade på.

Jag kan för övrigt intyga att en citronmoussen smakade förträffligt!

"Spanarna" nästa?

19 juni 2013

Här kommer en spaning beträffande mina indiska kontrahenter. Ni som lyssnar på P1-programmet "Spanarna" känner till upplägget: man presenterar en tes om framtiden och framlägger tre belägg för den.

Min tes är att det indiska telefonskojeriet är på väg in i en mogen industriell fas, både vad gäller verksamhet och de anställdas engagemang.

Belägg 1

De ringer alltmer sällan, vilket tyder på att de lärt sig prioritera bland sina "kunder". Från början verkade de vara energiska entreprenörer som sköt på allt som rörde sig, och de kunde ringa både ofta och länge även till besvärliga "kunder" som mig, trots att jag var en förlustaffär. Det har varit tyst i flera veckor nu, och jag tolkar det som att de lärt sig att välja bort olönsamma "kunder", vilket är ett typisk mognadstecken.

Belägg 2

Idag ringde de igen, och jag körde mitt vanliga spel och låtsades slå på datorn. (I själva verket hängde jag upp en nytvättad gul T-shirt med en blå smurf på.) Underhuggaren som ringde påstod att jag hade problem med min dator, och frågade mig om jag var medveten om detta. "Ja" svarade jag för att se vad som hände. Hans respons var: "Då ska jag koppla vidare dig till min senior technician" - utan att han ens försökte få mig att starta Windows Event Viewer och visa mig de s.k. felen!

Att han snabbt kunde vidarekoppla mig till sin kollega gjorde honom förmodligen lika nöjd som när jag hittar en genväg på IKEA och slipper meningslöst sicksackande runt bland Billyhyllor och Sultansängar när jag egentligen vill raka spåret till lampavdelningen.

Underhuggarens uppgift var att få "kunden" att bejaka att datorn var i fara, och hur han nådde dit var av underordnad betydelse. Förmodligen var snabbheten t.o.m. en merit. Han hade överlistat organisationen, och såg till att maximera sin egen profit utan hänsyn till organisationen i stort. Sådant beteende är också ett typiskt (över-)mognadstecken i företag.

Belägg 3
"Senior technician" som jag alltså blev vidarekopplad till i dagens samtal ville få mig att ladda ner TeamViewer så att han kunde fjärrstyra min dator. Då avslutade jag charaden och sade att jag inte tänkte starta programmet. Han undrade varför, och jag svarade med en motfråga: "Varför ska jag ladda ner och starta ett program bara för att någon ringer mig och ber mig göra det?". Han lade på utan att säga ett ord mer.

I dessa samtals begynnelse möttes jag av en massa argumentation, och/eller en massa otrevligheter när jag gjorde slut på charaden. Dagens "Senior technician" har tydligen blivit blasé, desillusionerad och tappat det personliga engagemanget: En "kund" som mig är det inte längre värt att ens förolämpa. Släng på luren bara så fort man inser att det är kört. Nästa "kund".

Detta oengagerade bemötande växer fram när det nya och spännande har blivit vardaglig rutin, och är alltså också ett tecken på att skojarindustrin är på väg in i en mogen, industriell fas.

Queen's English

19 juni 2013

Just som föregående spaning hade börjat formulera sig i mitt huvud så ringde de *igen*, samma dag. (Ajöss belägg 1?)

"Hej, det är från Windows Technical Department... Talar du engelska?"

"Nej, det gör jag inte. Engelska är inte mitt modersmål, så jag har svårt att göra mig förstådd på det" svarade jag med den bästa Queen's English jag kunde uppbåda.

"Ja men du talar engelska" svarade indiern.

"Jasså, gör jag. Oj då. Talar du engelska?" svarade jag.

"Jo, det är därför jag kan svara dig."

"Jaha, på det viset. Vad kan jag göra för dig?"

"Det gäller din dator... fel... fara.. bla bla."

"Jaha, hur kommer det sig?"

"Du laddar ner skadliga filer... bla bla."

"Näe, det gör jag inte."

"Vad gör du med din dator?" undrade indiern.

"Åh, det har du inget med att göra." svarade jag.

"Vi ser det i vår centrala dator, vi ser ditt licensid... bla bla"

"Vilket protokoll skickas det där id:t på?"

"Ska jag tala om ditt licens-id för dig?"

"Nej, det behöver du inte göra. Jag vet att det är samma id på alla Windows-datorer. Jag frågade vilket protokoll det där CLSID:t skickas med?"

"Protokoll?"

"Ja, vilket protokoll?"

"Webbläsare eller webb-protokoll?" försökte han med.

”Jag frågade: Vilket internet-protokoll skickas det där id:t
med. Lager 2 eller lager 3?”

”British Protocol” svarade han trevande.

”Jasså. Inte American Protocol då?” kontrade jag med. Men
då hade han redan lagt på.

Midsommarafton

21 juni 2013

Indierna behagar ringa även idag, på vår inofficiella
nationaldag. Precis när jordgubbarna och vaniljglassen var
avklarade inleddes ett samtal som varade i 17 minuter. Det var
dock så fyllt av upprepningar och loopar så jag ids inte återge
den. Här har du ett urval repliker och ungefär hur många
gånger de förekom, varsågod och plocka ihop dem i den
ordning du vill; resultatet kommer att ge en bra bild av hur det
faktiskt lät.

Indiern:
　　"Är datorn på?" (4 gånger)
　　"Om du sätter dig vid datorn så ska jag fixa problemet."
(8 gånger)
　　"Hallå?" (24 gånger)
　　"Varför frågar du det?" (3 gånger)
　　"Det är 4 på morgonen." (1 gång)
　　"Jag kopplar dig till senior technician." (1 gång)
　　"Du ska själv få göra jobbet. Jag ska bara visa dig hur."
(3 gånger)
　　"Jag ringer från San Francisco." (2 gånger)
　　"Ska jag läsa upp ditt CLSID?" (1 gång)
　　"Du behöver inte betala något." (2 gånger)
　　"Vill du inte få din dator fixad?" (4 gånger)

Jag:

"Nej, jag är inte huvudsaklig användare av datorn" (1 gång)

"Ni har ringt mig tiotals gånger, senast igår, och 'fixat' problemet, men ändå är det problem. Gör ni inte ett bra jobb?" (6 gånger)

"Du behöver inte ropa hallå hela tiden. Jag hör dig bra." (6 gånger)

"Hur kan du koppla ihop mitt telefonnummer med min dator när jag aldrig har gett er mitt telefonnummer?" (5 gånger)

"Vad är klockan i San Francisco just nu?" (2 gånger)

"Hur är vädret i San Francisco?" (1 gång)

"Jag ställde en fråga, kan du vara vänlig att svara på den." (5 gånger)

"Om ni ska 'fixa' min dator så vill jag veta att jag kan lita på er." (3 gånger)

"Nej, jag tänker inte ge dig min email-adress." (1 gång)

"Nej, jag vill inte att ni ska 'fixa' min dator." (2 gånger)

"Nej." (4 gånger)

"Sir, lyssna på mig." (4 gånger)

Hallå där

29 november 2013

Många har undrat vad som hänt med indierna. Jo, de har varit tämligen tysta på sistone. I morse ringde de dock, och här kommer samtalet i sin helhet.

Jag: "Hello?"

Tystnad.

Deras callcentermjukvara kopplar förmodligen mitt samtal till en lurendrejare som är ledig, så jag väntar några sekunder. Mycket riktigt, jag får strax en indier i örat.

Indiern: "Hello?"

Jag: "Hello!"

Indiern: "Hello?"

Jag: "Hello hello hello hello hello hello hello helllloo!"

Han la på.

Filosofisk promenad

6 januari 2014

2014 års första Indien-samtal ägde rum på självaste tretton-
dagen. Magarna var mättade, och jag hade inget särskilt för
mig när det ringde, så jag roade mig att spela med en stund.

"Hej, det är från Microsoft Technical Support [eller något åt
det hållet], vi har fått signaler från din dator de senaste dagarna
att någon försöker hacka sig in" sade indiern.

"Jaha" sade jag.

"Vi ringer dig för att göra en koll av din dator..."

"Jasså".

"Är du vid din dator?"

"Ja."

"Är din dator på?"

"Ja."

"Ser du skrivbordet?"

"Ja"

Om en moralfilosof hade observerat mig så hade han genast
dragit slutsatsen att jag inte var en pliktetiker, eftersom mina
tre ja-svar inte var med sanningen överensstämmande. Min
dator var nämligen avstängd, jag själv befann mig flera hundra
meter från datorn, pratandes med indiern i mobilen, och
framför mig såg jag inget skrivbord utan den numera f.d.
ettåringen (han fyllde två igår) sittandes i sin barnvagn.

Om moralfilosofen hade börjat fråga mig om varför jag
svarade som jag gjorde, så hade jag inlåtit mig i ett
konsekvensetiskt resonemang, och hävdat att det är moraliskt
försvarbart att obstruera, förhala och desinformera när ens

syfte är att sabotera telefonskojarnas korrumperade verksamhet.

Jag var alltså i själva verket på en promenad i friska luften med tvååringen, medan jag låtsades följa instruktionerna som gavs mig. Datorn var alltså "på", trodde skojaren.

"Ett ögonblick, jag kopplar samtalet till en tekniker som kommer att hjälpa dig" sade skojaren. Åh du milde, tänkte jag, du måste befinna dig längst ner i hierarkin när din uppgift är begränsad till att bara få folk att sätta sig vid datorn!

Efter en liten stund kom en annan skojare på tråden. Hon presenterade sig som en "senior technician".

"How are you?" frågade hon artigt.

"Quite OK, thank you" svarade jag avmätt.

"Thank you for asking, bla bla bla..." fortsatte hon. Milda mörtar, tänkte jag, du läser ditt manus så mekaniskt att du inte ens märkte att jag avvek från den normala artighetskutymen och utelämnade det förväntade "and how are you?"... Nåväl.

Hon bad mig starta webbläsaren, radera ut innehållet i adressfältet och knacka in den webbadress hon gav mig. Hon bokstaverade "T as in Tango", jag upprepade "T as in Tango". "E as in Eric", "E as in Echo" svarade jag. Lite subtilt korrigerade jag bokstaveringen vid behov så den följde det internationella bokstaveringsalfabetet – jag har ju trots allt tagit flygcertifikat, och då fick man lära sig bokstavera korrekt. Så där höll vi på en stund: hon bokstaverade, jag papegojade.

"Vad ser du nu?" undrade hon till slut.

Nu blev det ju lite knepigt att berätta vad man såg utan att ha någon susning om vad man borde se på skärmen. Tack och lov visade hon sig vara ganska hjälpsam, så med en kombination av vaga svar, frågor och otålighet från henne lyckades jag driva detta ganska långt, ungefär i stil med följande:

"Jag ser en logga. Ska jag trycka på Download?"

"Ja, den gröna knappen".

"Den gröna knappen, ja" mumlade jag tacksamt.

"Vad ser du nu?" undrade hon.

”Den laddar ner något” försökte jag med.

”Vad säger den?” undrade indiskan.

”Hur menar du?”

”Ser du 'Save' eller 'Run'?”

”Ja, det gör jag. Vilken ska jag trycka på?”

”Run.”

”OK”.

”Vad ser du nu?”

”Jag ser... eh... den frågar något om rättigheter”

”Bra, klicka på 'Allow'”

”Jepp.”

”Vad ser du nu då?” undrade hon.

Nu var jag ute i helt okänd terräng. ”Ähum, ska det vara något sessions-id?” prövade jag med.

”Ser du att det står 'Install'?”

”Ja, nu ser jag det”.

”Har du klickat på det?”

”Eh, ja” svarade jag.

”Vad ser du nu?”

”Vilken av alternativen ska jag välja nu” försökte jag med.

”Nä, tala om för mig vad du ser” svarade hon. Jag tyckte hon lät en aning bestämd på rösten.

”Jo, jag ser en text där det står: Lita inte på folk som ringer upp dig och påstår att de ska fixa din dator” drämde jag till med.

Det blev en lång sekunds tystnad.

”Var ser du det?” undrade hon osäkert.

”Det står rakt framför mig”.

Ännu en lång sekunds tystnad.

Dags för min moralpredikan. Jag drog andan och började: ”Du, vet du vad, jag är inte så lättlurad...”

Lågenergistyrenheten saknar stöd

2 oktober 2015

Håhåjaja, här är man hemma mol allena med lite feber i kroppen, och vem ringer för att muntra upp mig, om inte en av de där tjänstvilliga typerna från "Microsoft Security Department"! Ni som följt mig ett tag vet att jag fick många sådana samtal under 2013.

Eftersom jag inte hört något från dem på länge hade jag ingen rolig bemötandestrategi på lager, utan valde till en början att vara följsam. Jag ville också se om de hade utvecklat sin affärsmodell eller "säljsnack", men det var samma gamla visa som förut, dock med lite extra blå dunster som framfördes i pedagogisk ton (att varje gång man surfar så laddas det ner skadlig kod bla bla).

"Titta på tangentbordet, på raden längst ner till vänster, ser du Windows-tangenten..." (Jag ska alltså köra något program, tänkte jag men sade inget.) "Tryck in den och släpp inte upp den, och sedan trycker du på R som i Rudolf... Skriv in E-" (Jaha, du är på väg till EventViewer precis som på gamla dagar, tänkte jag.) "-V-E-N-T-V-W-R, tryck på Enter..."

Aha, gammalt skåpmat alltså: han ska försöka få mig att tro att den där listan av fel och varningar är ett bevis för den lögn han tänker servera mig. Dags att börja bjuda på lite motstånd tänkte jag.

"Vad ser du? Ser du varningar och fel?" undrade han. "Jo, men det är väl sådana som är normala för Windows" svarade jag.

Det blev en bråkdels sekunds tystnad innan han med en aning osäkerhet sade: "Nej, så är det inte. Vad står det i meddelandena?" Jag bläddrade igenom några innan jag hittade en bra kandidat: "Det lokala kortet stöder inte ett viktigt läge för lågenergistyrenheten."

(Suck vad yxigt obegripliga de där felmeddelandena är när Microsoft envisas med att översätta dem till svenska. Tur att man är datanisse så att jag kunde översatta det on-the-fly till engelska, så att jag själv också begrep meddelandets innebörd.) Och efter att ha läst upp det översatta felmeddelandet fortsatte jag: "... och energisparläge har inget med skadlig mjukvara att göra."

Han lade på utan att ens säga hejdå. Eller kanske var det en överordnad boss som avlyssnade linjen och klippte av samtalet så fort de begrep att de hade ringt fel kille.

Det var i den vevan jag bestämde mig: det här ska bli en bok.

Datorn får hosta

28 oktober 2015

Nyss hemkommen från bilbesiktningen (ja, den blev godkänd) ringer telefonen. "Okänt nr" står det på displayen. Antingen är det den där tjejen på något marknadsundersökningsbolag som jagat hustrun ett par gånger utan resultat, eller så är det *dom*.

Det var *dom*.

"Hej det är X från Windows Technical Department... Din dator är allvarligt infekterad..."

Infekterad. Infekterad. Antagligen är det ett frekvent upprepandet av ordet i kombination av att jag haft anledning att uppsöka sjukvården på sistone som fick in mig på infektionsspåret.

"Ja, min dator ger ifrån sig hostande ljud. Beror det på infektionen?" undrar jag.

Det blir tyst en halv sekund. Men så fortsätter hen och lovar att fixa min dator.

"Är datorn på"?

"Ja, den är på bordet" svarar jag undvikande.

"Har du satt på strömmen på datorn?"

Jag ger mig. "Ja, datorn är på."

Därefter blir samtalet vidarekopplat till en "senior technician". Han upprepar ordet "infekterad" till leda.

"Ja, datorn har gett ifrån sig hostande ljud på sistone. Beror det på virusinfektionen?" flikar jag in.

Åter den där halv sekunds tystnaden. Men så kör också denne "senior technician" vidare i gamla hjulspår. Jag sätter mig i soffan och känner mig genuint uttråkad när han överpedagogiskt hjälper mig att trycka Windows+R och starta

EVENTVWR. Han t.o.m. stakar sig i bokstaveringen och tvingas börja om. Och han tvingar mig att upprepa hans bokstavering.

I själva verket har jag startat Windows Event Viewer för länge sedan och försöker hitta på någon ny vinkel medan han tragglar. Men det känns som att min kreativitet är på höstlov.

"Ser du alla fel- och varningsmeddelandena? De beror på att du har fått ett internet-virus. Ser du meddelandena?" undrar han.

"Ja, hela min skärm är full av röda prickar. Beror det på virusinfektionen?"

Ännu en halv sekunds talande tystnad. Men sedan åter ner i inkörda hjulspår. "Stäng Event Viewer-fönstret. Jag ska nu hjälpa dig..."

"Du, ett av de där varningsmeddelandena säger: 'Lita inte på folk som ringer upp dig och säger att de ska fixa din dator.'"

Nu blir det två stycken halv sekunds tystnader, på rad efter varandra.

"Nej sir, du har helt fel." säger han med en allvarlig röst. Han har tydligen märkt att hans båt håller på att ta in vatten.

"Oj då, har jag fel. Vilken tur att du ringde mig för att hjälpa mig" säger jag glatt i ett försök att få honom att tro att seglatsen trots allt kan fortsätta. Men det är för sent.

"Jag ska blockera din dator." grymtar han.

"Ska du blockera min dator?"

"Jag ska blockera din dator. Nu." Och så blir det tyst i luren.

Men bevisligen misslyckades blockeringen kapitalt eftersom det gick alldeles utmärkt att skriva ner detta på den dator som han nyss blockerade.

Tack

Tack till alla min Facebook-vänner som undrat när boken kommer, och tack för alla uppskattande kommentarer på mina inlägg!

Under tiden dessa samtal pågick gick en av mina vänner igenom en mycket traumatisk livshändelse. Vännen sade till mig vid ett tillfälle att mina inlägg var det enda som lockade fram skrattet när allt annat var mörkt. Det lärde mig något viktigt: att humor kan vara mer än bara underhållning. Särskilt tack till dig, Lotta.